BEI GRIN MACHT SICH IHR WISSEN BEZAHLT

- Wir veröffentlichen Ihre Hausarbeit,
  Bachelor- und Masterarbeit

- Ihr eigenes eBook und Buch -
  weltweit in allen wichtigen Shops

- Verdienen Sie an jedem Verkauf

Jetzt bei www.GRIN.com hochladen
und kostenlos publizieren

Bibliografische Information der Deutschen Nationalbibliothek:

Die Deutsche Bibliothek verzeichnet diese Publikation in der Deutschen National-
bibliografie; detaillierte bibliografische Daten sind im Internet über http://dnb.d-
nb.de/ abrufbar.

Impressum:

Copyright © 2019 GRIN Verlag
Druck und Bindung: Books on Demand GmbH, Norderstedt Germany
ISBN: 9783346177193

Dieses Buch bei GRIN:

https://www.grin.com/document/541138

Riccarda Jung

Qualitätsmessungen und Rollenkonzepte bei Dienstleistungen

GRIN Verlag

GRIN - Your knowledge has value

Der GRIN Verlag publiziert seit 1998 wissenschaftliche Arbeiten von Studenten, Hochschullehrern und anderen Akademikern als eBook und gedrucktes Buch. Die Verlagswebsite www.grin.com ist die ideale Plattform zur Veröffentlichung von Hausarbeiten, Abschlussarbeiten, wissenschaftlichen Aufsätzen, Dissertationen und Fachbüchern.

Besuchen Sie uns im Internet:

http://www.grin.com/

http://www.facebook.com/grincom

http://www.twitter.com/grin_com

Einsendeaufgabe

Dienstleistungsqualität
S-O-R-Modell
Rollenkonzept

Modul:	Dienstleistungs- und Servicemanagement
Studiengang:	Wirtschaftspsychologie
Semester:	4. Semester
Thema:	Alternative C (Gültig bis: 31.12.2019)

von
Riccarda Jung

Inhaltsverzeichnis

Abbildungsverzeichnis

1. C1 – Dienstleistungsqualität

Die Dienstleistungsqualität ist „die Fähigkeit eines Anbieters, die Beschaffenheit einer primär intangiblen und der Kundenbeteiligung bedürfenden Leistung aufgrund von Kundenerwartungen auf einem bestimmten Anforderungsniveau zu erstellen"[1]. Eine gute Dienstleistungsqualität hat einen positiven Einfluss auf zentrale Größen des Unternehmenserfolgs, wie den ROI oder die Umsatzrentabilität. Eine hohe Dienstleistungsqualität führt dazu, dass die Nachfrage steigt, dass höhere Preise gerechtfertigt sowie durchgesetzt werden können und dass die Qualitätskosten, wie Fluktuations- und Fehlerkosten, minimiert werden[2]. Abgesehen davon, bringen qualitativ hochwertige Dienstleistungen folgende entscheidende Vorteile mit sich[3]:

- Stärkere Kundentreue
- Häufigere Wiederholungskäufe
- Geringeres Risiko bei Preiskämpfen
- Durchsetzbarkeit und Begründbarkeit höherer Preise ohne Marktanteile zu verlieren
- Niedrigere Marketingkosten
- Marktanteilssteigerungen

Die Messung von Qualität erfordert Messungen, auch bei der Dienstleistungsqualität. Wenn es gelingt, Kundenanforderungen und Unternehmensziele zu quantifizieren und somit sichtbar zu machen, ist ein wichtiger Schritt in Richtung Qualitätsmanagement getan. Messungen zeigen Stärken sowie Schwächen eines Dienstleisters auf. Messungen sollten periodisch erfolgen, um Fortschritte und Erfolge sichtbar zu machen und den Grad der Zielerreichung zu definieren. Allerdings existiert kein Konsens, wie die Qualität einer Dienstleistung eigentlich erfasst werden kann. Kundenwahrnehmungen sind subjektiv, Messverfahren besitzen einen[4]

---

[1] Bruhn (1996), S. 27 zitiert nach Bong-Seok (2003), S. 81
[2] Vgl. Bezold (1995), S. 51 zitiert nach Bong-Seok (2003), S. 93
[3] Vgl. Buzzel und Gale (1989), S. 94; Heller (1996), S. 13 zitiert nach Bong-Seok (2003), S.94
[4] Vgl. Haller (2017), S. 392

eingeschränkten Gültigkeitsbereich und können fast ausnahmslos methodisch angegriffen werden. Kein Messverfahren allein ist in der Lage den ganzheitlichen Aspekt der Qualität zu erfassen. Nach dem EFQM-Modell werden Kundenergebnisse in direkte und in indirekte Verfahren unterteilt. *Direkte Messverfahren* geben die direkte Kundenmeinung wieder und *indirekte Verfahren* werden von dem Unternehmen selbst als Vorlaufindikator der Kundenzufriedenheit erhoben. Zunächst sollen sich die indirekten Faktoren verbessern, die umgekehrt langfristig eine Erhöhung der gemessenen direkten Kundenzufriedenheit auslöst[5].

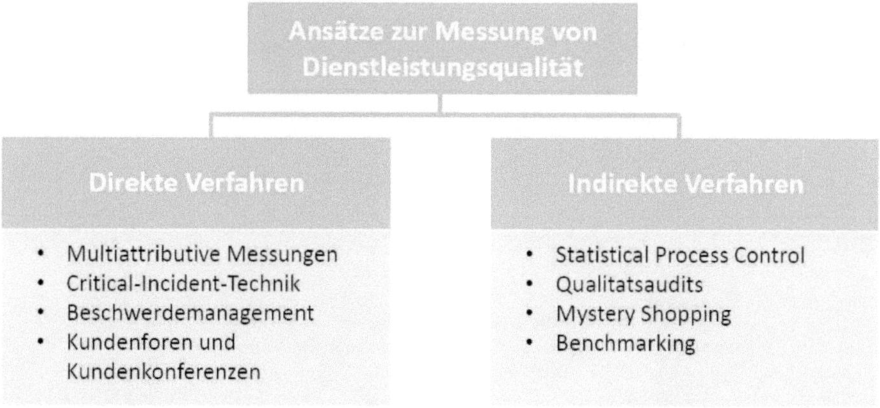

Abbildung 1 - Systematisierung der Ansätze zur Messung von Dienstleistungsqualität, Quelle: Eigene Darstellung[6]

In Abbildung 1 werden direkte und indirekte Verfahren als Ansätze zur Messung von Dienstleistungsqualität aufgezählt. In dieser Ausarbeitung soll nur die multiattributiven Messungen der direkten Verfahren erläutert werden, um die Qualitätsmessung und systematische Darstellung von qualitätsrelevanten Dimensionen der ausgewählten Dienstleistung der Personalberatung darzustellen. Denn die **multiattributiven Messungen** werden am häufigsten zur Messung von Dienstleistungsqualität eingesetzt. Hier wird ein Kriterienkatalog aufgestellt und es wird die Zufriedenheit bzw. Qualitätswahrnehmung jedes Items einzeln beurteilt. Die erste Herausforderung stellt die Auswahl der[7]

---

[5] Vgl. Haller (2017), S. 392
[6] Vgl. Haller (1999) zitiert nacht Haller (2017), S. 393
[7] Vgl. Haller (2017), S. 393

abzufragenden Kriterien dar. Hierbei ist für jedes Unternehmen bzw. Branche ein eigener Fragebogen zu erstellen. Bei der Zusammenstellung der Fragen, soll sich an den folgenden Dimensionen orientiert werden, damit keine wesentlichen Aspekte verloren gehen[8].

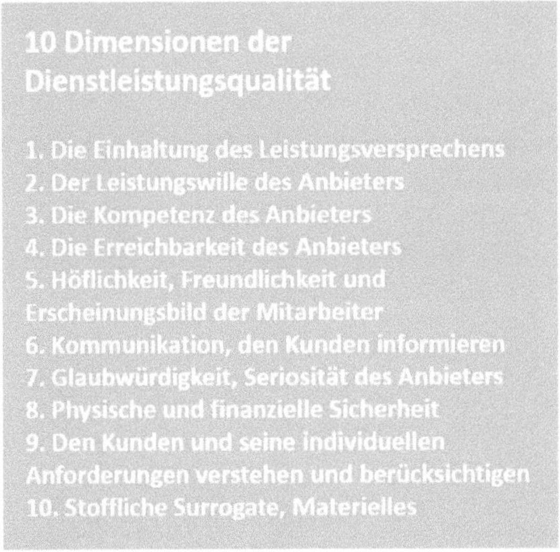

10 Dimensionen der Dienstleistungsqualität

1. Die Einhaltung des Leistungsversprechens
2. Der Leistungswille des Anbieters
3. Die Kompetenz des Anbieters
4. Die Erreichbarkeit des Anbieters
5. Höflichkeit, Freundlichkeit und Erscheinungsbild der Mitarbeiter
6. Kommunikation, den Kunden informieren
7. Glaubwürdigkeit, Seriosität des Anbieters
8. Physische und finanzielle Sicherheit
9. Den Kunden und seine individuellen Anforderungen verstehen und berücksichtigen
10. Stoffliche Surrogate, Materielles

Abbildung 2 - 10 Dimensionen der Dienstleistungsqualität, Quelle: Eigene Darstellung[9]

Abbildung 2 zeigt eine Übersicht der 10 Dimensionen nach Parasuraman. Diese versuchen für alle Dienstleistungen gültige Dimensionen zu ermitteln und zu benennen. Diese 10 Dimensionen gingen aus einer Reihe von Gruppendiskussionen in unterschiedlichen Servicebranchen und einer weiteren empirischen Überprüfung hervor. Durch einen iterativen Prozess der Bereinigung und einer folgenden Faktoranalyse, wurden die zehn auf fünf Dimensionen reduziert, die für den Kunden von Bedeutung sind, wenn er eine Dienstleistung in Anspruch nimmt. Folgend die **fünf relevanten Dimensionen**[10]:

- **Annehmlichkeit des tangiblen Umfeld (Materielles)**
  Materielle Elemente vom Briefbogen, über den Firmenwagen bis zur Bekleidung der Mitarbeiter: *Ein angemessen gekleideter und gepflegter Personalberater, der in einem repräsentativen sauberen Firmenwagen zu dem Kunden zur Besprechung des nächsten Projekts fährt.*

---

[8] Vgl. Haller (2017), S. 393
[9] Vgl. Parasuraman (1985) zitiert nach Haller (2017), S. 56
[10] Vgl. Parasuraman, Zeithaml und Berry (1985), S. 41-50 zitiert nach Haller (2017), S. 56 f

- **Zuverlässigkeit**
  Einhaltung des Leistungsversprechens, Ausführung der Leistung auf versprochenem Niveau: *Innerhalb eines bestimmten Zeitfensters, Vorstellung mehrerer qualifizierter Bewerber, die zur Vakanz passen.*
- **Reaktionsfähigkeit (Entgegenkommen)**
  Erfüllung individueller Kundenwünsche: *Berücksichtigung aller gewünschten Kriterien des Anforderungsprofils der Stellenanzeige und aller Faktoren, die der Kunde nicht wünscht, bei der Kandidatenauswahl.*
- **Leistungskompetenz (Souveränität)**
  Verfügen über entsprechendes Wissen, Fertigkeiten, Vertrauenswürdigkeit: *Der Personalberater, der ein Projekt betreut, hat Hintergrundwissen zur Vakanz und Branchenwissen sowie relevante Berufserfahrung in der Branche des Kunden.*
- **Einfühlungsvermögen**
  Zuwendung und Aufmerksamkeit des Dienstleisters jedem Kunden gegenüber: *Der Personalberater kümmert sich um jedes seiner Projekte mit dem gleich Engagement und Bemühungen.*

Hierbei ist die Einhaltung des Leistungsversprechens bei der empirischen Überprüfung die wichtigste Dimension. Drei der fünf Faktoren, die Reaktionsfähigkeit, die Kompetenz und das Einfühlungsvermögen, sind direkt aus menschlichen Verhalten ableitbar, das die Bedeutung des Faktors Mensch verdeutlicht. Auch wenn die Allgemeingültigkeit dieser Dimensionen bezweifelt wird, können die 10 Dimensionen als Handlungsrahmen dienen. Ob in allen Dienstleistungen alle Faktoren zu finden sind und ob diese Übersicht alle relevanten Kriterien behandelt, ist bis heute ungeklärt. Dennoch werden diese Dimensionen zur Bearbeitung dieser Arbeit herangezogen[11].

Der **Servqual-Fragenkatalog** bezieht sich auf die soeben genannten Dimensionen. Nun werden relevante Fragen der fünf Dimensionen in Anlehnung an den Sevqual-Fragenkatalog und angepasst an die ausgewählte Dienstleistung der Personalberatung vorgestellt[12].

---

[11] Vgl. Parasuraman, Zeithaml und Berry (1985), S. 41-50 zitiert nach Haller (2017), S. 56 f
[12] Vgl. Zeithaml, Parasuraman und Berry (1992) zitiert nach Haller (2017), S. 394 ff

Fragenkatalog Beispiel Personalberatung

Zur Dimension MATERIELLES:

1. In der Personalberatung gibt es angenehm ins Auge fallende Einrichtungen in den Meeting-Räumen und dem Empfang.
2. In der Personalberatung sind die Projektleiter/Personalberater adrett gekleidet.
3. Broschüren und sonstigen Mitteilungen der Personalberatung sind für die Kundschaft gut gestaltet.

Zur Dimension ZUVERLÄSSIGKEIT:

1. Wenn die Personalberatung verspricht, bis zu einem bestimmten Termin passende Kandidaten vorzustellen, wird der Termin eingehalten.
2. Wenn ein Kunde ein Problem hat, lässt die Personalberatung ihr aufrichtiges Interesse erkennen, es zu lösen.
3. Die Personalberatung führt die Kandidatensuche und Vorstellung gleich beim ersten Mal richtig aus.

Zur Dimension ENTGEGENKOMMEN:

4. Die Projektleiter/Personalberater teilen Kunden mit, wann genau die ersten Profile vorgestellt werden.
5. Die Projektleiter/Personalberater reagieren schnell auf Kundenanfragen bzw. melden sich umgehend zurück.
6. Projektleiter/Personalberater sind stets bereit, Kunden zu helfen.
7. In der Personalberatung ist man nie zu beschäftigt, um auf Kundenanliegen einzugehen.

Zur Dimension SOUVERÄNITÄT:

8. Das Verhalten der Projektleiter/Personalberater flößt Kunden Vertrauen ein.
9. Die Projektleiter/Personalberater sind stets gleichbleibend höflich zu Kunden.
10. Die Projektleiter/Personalberater haben das Fachwissen zur Beantwortung der Kundenfragen.

Zur Dimension EINFÜHLUNG:

11. Die Personalberatung widmet jedem ihrer Kunden individuelle Aufmerksamkeit.
12. Zu der Personalberatung gehören Betriebszeiten, die all ihren Kunden gerecht werden.
13. Der Personalberatung liegen die Interessen der Kunden am Herzen.
14. Die Projektleiter/Personalberater verstehen spezifischen die Anforderungen einer Stelle ihrer Kunden.

2. C2 – S-O-R-Modell

Es ist zwischen dem echten Verhaltensmodell S-O-R-Ansatz und dem Black Box-Modell S-R-Ansatz zu unterschieden. Hierbei handelt es sich um verschiedene Arten der Umwandlung der Stimuli, z.B. ein Produkt, in Reaktionen bzw. Kaufakte[13]. Das klassische-behavioristische **Stimulus-Response**-Paradigma beschränkt sich auf die Untersuchung des objektiv beobachtbaren Inputs, des **S**timulus, sowie auf den damit korrespondierenden beobachtbaren Output, der **Response** oder Reaktion. Das sichtbare Verhalten des Individuums, wie z.b. die Wahl einer Marke, stellt dann eine Funktion der Reize dar[14]. Die Grundidee des lange Zeit dominierenden Denkmodells in der Konsumentenpsychologie, die S-R-Theorie, ist, dass ein Konsumverhalten von bestimmten Reizen abhängt und dass man das Verhalten erklären sowie vorhersagen kann, wenn die richtigen Reize angesprochen werden. Aus diesem Modell ist abzuleiten, dass eine Werbung als ein Stimulus, immer ein bestimmtes Kaufverhalten als Reaktion auslöst. Ruft die Werbung nicht das gewünschte Kaufverhalten hervor, muss der Stimulus so lange verändert werden, bis es das Verhalten automatisch herbeiführt. Hierbei kommen nur beobachtbare Stimuli in Frage. Dies ist allerdings nur eine einfache, eingeschränkt praktische Ableitung[15]. Die Verbindung bzw. ein Zusammenhang zwischen dem Input und dem Output, wird hierbei nicht hergestellt. Da die psychologischen Prozesse nicht berücksichtigt werden bzw. im Dunklen bleiben, spricht man hier von einem Black Box-Ansatz.

Im Gegensatz zu dem behavioristischen Ansatz, hat der neobehavioristische Ansatz, der **S-O-R Ansatz**, die Scheu vor der Black Box aufgegeben. Hier wird zugestanden, dass die Reaktionen auf gleiche Stimuli nicht immer gleich sind[16] und es werden Aussagen über nicht beobachtbare Vorgänge im Inneren des ‚Organismus' getroffen. Die Wirkung einer Werbeanzeige (der Stimulus) kann, durch die Einstellung eines Konsumenten (der Organismus oder die[17]

---

[13] Vgl. Nieschlag, Dichtl und Hörschgen (2011), S. 589, 623, 1169
[14] Vgl. Nieschlag et al. (2011), S. 589, 623, 1169
[15] Vgl. Felser (2007), S. 12 f
[16] Vgl. Nieschlag et al. (2011), S. 589, 623, 1169
[17] Vgl. Meffert (2000), S. 99 zitiert nach Knoke, Kade-Lamprecht und Özergin (2016), S. 46

intervenierende Variable) zum umworbenen Produkt, positiv oder negativ verstärkt werden und dazu führen, dass er das umworbene Produkt kauft oder nicht kauft (Response oder Reaktion)[18]. Nach dem S-O-R-Schema werden also die absatzpolitischen Instrumente (Stimuli) in Abhängigkeit von den Erfahrungen, Wissensbeständen, Einstellungen, Motiven und Gefühlen des potenziellen Kunden (Organismus) in jeweils anderer Weise erlebt und determinieren so unterschiedlich das Kaufverhalten (Reaktion)[19]. Absatzpolitische Instrumente bzw. Marketingmaßnahmen sind beobachtbare Sachverhalte, wie z.B. ein Werbespot oder eine Werbeanzeige, wie die abschließend gezeigte Anzeige von Lufthansa. Der potentielle Kunde nimmt die Werbeanzeige wahr und erlebt sie[20]. Für das Dienstleistungsmarketing bedeutet das, dass die absatzpolitischen Maßnahmen auf die Erwartungen und Wünsche der Kunden, in ihrer Differenziertheit und ihrer Dynamik, ausgerichtet werden müssen, um den Kunden zielorientiert zu beeinflussen[21].

Im reagierenden Organismus wirkt eine Reihe von intervenierenden Variablen, die bestimmen, wie ein Stimulus wirkt[22]. Durch den Ersatz der Black Box durch die intervenierende Variablen (oder auch Organismus genannt = O), hat die S-O-R-Theorie ihren Namen[23]. Das S-O-R-Modell eignet sich also sehr viel besser zur Erklärung des tatsächlichen Käuferverhaltens als die S-R-Theorie, weshalb dieses auch das echte Verhaltensmodell genannt wird[24]. Die Forscher gehen davon aus, dass sich die zwei Stufen gegenseitig beeinflussen. Dies macht das Modell komplex und zugleich geeignet, um der Vielschichtigkeit menschlichen Erlebens und Verhaltens gerecht werden zu können[25].

Das Stimulus-Organismus-Response-Paradigma löste später den Stimulus-Response-Ansatz ab[26].

---

[18] Vgl. Meffert (2000), S. 99 zitiert nach Knoke et al. (2016), S. 46
[19] Vgl. von Rosenstiel und Neumann (2002), S. 73 ff zitiert nach Meffert, Bruhn und Hadwich (2018), S. 63
[20] Vgl. Meffert und Bruhn (2012), S. 49 ff zitiert nach Bareiß und Merk (2014), S. 21
[21] Vgl. von Rosenstiel und Neumann (2002), S. 73 ff zitiert nach Meffert et al. (2018), S. 63
[22] Vgl. Nieschlag et al. (2011), S. 589, 623, 1169
[23] Vgl. Felser (2007), S. 12 f
[24] Vgl. Kotler und Bliemel (2001), S. 324 und Foscht und Swoboda (2007), S. 30 zitiert nach Knoke et al. (2016), S. 47
[25] Vgl. Rosentiel und Neuman (2002), S. 80 zitiert nach Merk, Meister und Thunsdorff (2015), S. 15
[26] Vgl. Nieschlag et al. (2011), S. 589, 623, 1169

BEOBACHTBARE SACHVERHALTE	THEORETISCHE KONSTRUKTE	BEOBACHTBARE SACHVERHALTE
S (Stimuli) z.B. Mitarbeiter im Kundenkontakt	O (Organismus, intervenierende Variablen) Kognitive Prozesse, z.B. Wissen Affektive Prozesse, z.B. Einstellungen, Zufriedenheit, Vertrauen	R (Reaktion oder Response) z.B. Kauf, Wiederkauf, Weiterempfehlung

Abbildung 3 - S-O-R Schema, Quelle: Eigene Darstellung[27]

Zu Abbildung 3: Die Darstellung des integrativen S-O-R-Modells[28] zeigt, dass Stimuli in den Organismus des Konsumenten eindringen, wo sie durch Einflussfaktoren aus dem kulturellen, sozialen, persönlichen und psychologischen Hintergrund des Konsumenten zu einem Entscheidungsprozess führen. Dieser ist von verschiedenen aktivierenden und kognitiven Elementen geprägt.

Stimuli können in Marketing-Stimuli und Umfeld-Stimuli unterteilt werden. Marketing-Stimuli sind beispielsweise Produkte, Preise, Kommunikation sowie die Distribution. Zudem gibt es politisch-rechtliche, technologische, ökonomische und sozio-kulturelle Umfeld-Stimuli[29].

Intervenierende Variablen (oder Organismus) können kognitive Prozesse wie z.B. Wissen[30], Lernen, Wahrnehmung und Gedächtnis oder auch aktivierende Prozesse wie z.B. Aktivierung, Emotionen, Motivationen[31], Einstellungen, Zufriedenheit und Vertrauen sein[32]. Diese Prozesse werden in dem Prozess der

---

[27] Vgl. Bareiß und Merk (2014), S. 21
[28] Vgl. Rosentiel und Neuman (2002) zitiert nach Merk et al. (2015), S. 15
[29] Vgl. Kotler und Bliemel (2001), S. 324 und Foscht und Swoboda (2007), S. 30 zitiert nach Knoke et al. (2016), S. 47
[30] Vgl. Bareiß und Merk (2014), S. 21
[31] Vgl. Kotler und Bliemel (2001), S. 324 und Foscht und Swoboda (2007), S. 30 zitiert nach Knoke et al. (2016), S. 47
[32] Vgl. Bareiß und Merk (2014), S. 21

Kaufentscheidung zusammengefasst. Dieser Prozess wird wiederum von kulturellen, sozialen und persönlichen Käuferhintergründen beeinflusst[33].

Die **Reaktion bzw. Response** ist dann die Markenwahl, die Einkaufsstätte, die Kaufmenge, die Aufgabenhöhe, der Kaufzeitpunkt[34] und allgemein der Kauf, der Wiederkauf oder die Weiterempfehlung[35].

Abbildung 4 - Beispiel Werbeanzeige von Lufthansa: Mehr Platz. Mehr Service. Mehr als zufrieden.

Folgend soll die Werbeanzeige in Abbildung 4, von Lufthansa als Luftverkehrskonzern, mit dem S-O-R-Modell analysiert werden. Das Erleben der Werbeanzeige (Stimuli) von Lufthansa wird von folgenden Faktoren beeinflusst[36]:

- von **Erfahrungen** mit ähnlichen Dienstleistungen
- von bestehenden **Wissen** über Fakten, die durch die Werbeanzeige bestätigt werden oder ihr widersprechen
- von **Einstellungen**, wie zuvor gebildete Meinungen zu der Firma und der Marke Lufthansa

---

[33] Vgl. Kotler und Bliemel (2001), S. 324 und Foscht und Swoboda (2007), S. 30 zitiert nach Knoke et al. (2016), S. 47
[34] Vgl. Kotler und Bliemel (2001), S. 324 und Foscht und Swoboda (2007), S. 30 zitiert nach Knoke et al. (2016), S. 47
[35] Vgl. Bareiß und Merk (2014), S. 21
[36] Vgl. Meffert und Bruhn (2012), S. 49 ff zitiert nach Bareiß und Merk (2014), S. 21

- von **Gefühlen**, wie die Erheiterung durch fröhliche Inhalte der Werbeanzeige

Potenzielle Passagiere bzw. Kunden (Organismus) nehmen die Anzeige in jeweils anderer Weise wahr, erleben sie anders und es kann zu unterschiedlichem Kaufverhalten führen (Reaktion)[37]. Mithilfe dieser Werbeanzeige möchte Lufthansa eine Wirkung (Stimuli), durch die Einstellung des Passagiers, dem Organismus, erzielen. Hier wird das Produkt die neue ‚Premium Economy Class' umworben. Durch die Kommunikation der Benefits ‚mehr Platz. Mehr Service. Mehr als zufrieden', möchte Lufthansa eine positive Verstärkung erzielen. In dieser Werbeanzeige wurden die Erwartungen und Wünsche des Kunden beim Fliegen, mehr Beinfreiheit und einen guten Service zu haben, im Dienstleistungsmarketing berücksichtigt und somit versucht den Kunden in seiner Entscheidung zielführend zu beeinflussen. Hier werden aktivierende Prozesse durch intervenierende Variablen, wie die Motivation, die Einstellung gegenüber der Marke Lufthansa, die Zufriedenheit mit der Wahl der Airline und Emotionen, wie z.B. ‚wohlfühlen', angesprochen und beeinflussen damit den Kaufentscheidungsprozess. Lufthansa möchte als Response bzw. Reaktion auslösen, dass der Kunde Lufthansa als attraktive Airline bzw. Luftverkehrsmittel ‚mit gutem Service und viel Platz' beansprucht, also diese Dienstleistung bzw. das umworbene Produkt ‚Premium Economy Class' bucht. Ziel ist, dass Lufthansa als Marke und Dienstleister ausgewählt und dass sich für das umworbene Produkt entschieden wird.

---

[37] Vgl. Meffert und Bruhn (2012), S. 49 ff zitiert nach Bareiß und Merk (2014), S. 21

3. C3 – Rollenkonzept

Ein Rollenkonzept, dass der Konzeption einer Dienstleistung dient, wird auch als Service Engineering bezeichnet. Darunter wird die systematische Entwicklung und Gestaltung von Dienstleistungen unter Verwendung von passenden Modellen, Methoden und Werkzeugen verstanden[38].

Anhand eines Prozessmodells wird beschrieben, wie die gewünschten Ergebnisse bzw. die Dienstleistung zustande kommen soll (Aktivitäten). Unter Beteiligung des Kunden wird zur Erreichung eines bestimmten Ergebnisses ein mehr oder weniger standardisierter Prozess durchlaufen. Der Prozess sollte in einzelne Schritte unterteilt, vom ersten Kundenkontakt bis zur letzten Aktivität, der Leistungserbringung, abgebildet werden. In einem solchen Prozessmodell werden folgende Überlegungen angestellt:

- Welche Aktivitäten gibt es?
- Wo überschneiden sich Verantwortlichkeiten?
- Wo wird der Prozess unterbrochen, weil ein anderer Mitarbeiter die Verantwortung übernimmt?

Diese Fragestellungen werden in dem Modell in Abbildung 5 angewendet[39]. Im ersten Schritt der Erstellung eines Rollenkonzepts, werden die verschiedenen **Aktivitäten einer Personalberatung**, wie z.B. das Kontaktieren und Informieren von Kandidaten über die potentiell interessante Vakanz, in einzelne Prozessbestandteile zusammengefasst. Einen **Prozess** stellt hierbei beispielsweise die Rekrutierung geeigneter Kandidaten dar (siehe Abbildung 5, Prozess 3). Eine detaillierte Übersicht der Prozesse innerhalb einer Personalberatung, werden in Abbildung 5 ausgeführt[40].

---

[38] Vgl. Leimeister (2012) zitiert nach Haller (2017), S. 93
[39] Vgl. Meiren und Barth (2002) zitiert nach Haller (2017), S. 108
[40] Vgl. Bullinger und Meiren (2001), S. 73ff zitiert nach Merk und Schwekendiek (2014), S. 68

Im nächsten Schritt werden diese Aktivitäten, innerhalb der vorab festgelegten Prozesse, zu **Rollen** zusammengeführt. Rolle A umfasst beispielsweise das Führen des Kundengesprächs, die Angebotserstellung und den anschließenden Vertragsabschluss, indem die Rahmenbedingungen zwischen Mandaten und Personalberatung festgelegt werden (siehe Abbildung 6, Rolle A)[41].

In Schritt 3 (siehe Abbildung 7), werden die Rollen verschiedener **Rolleninhaber** zugeteilt. Ein Rolleninhaber ist eine Person, die mehrere Rollen einnehmen kann, sofern die in einer Rolle zusammengefassten Aktivitäten die Tätigkeit des Rolleninhabers nicht ausfüllt. Zudem können auch mehrere Rolleninhaber derselben Rolle zugeteilt sein, sofern die zusammengefassten Aktivitäten einer Rolle zu umfangreich sind[42]. Beispielswiese umfasst die Rekrutierung von Kandidaten so viele verschiedene Aktivitäten, dass diese Rolle C unter zwei Rolleninhabern II und III, dem Personalberater/ Projektleiter und dem Sachbearbeiter Recruiting, aufgeteilt wird (siehe Abbildung 7, Rolle C)[43].

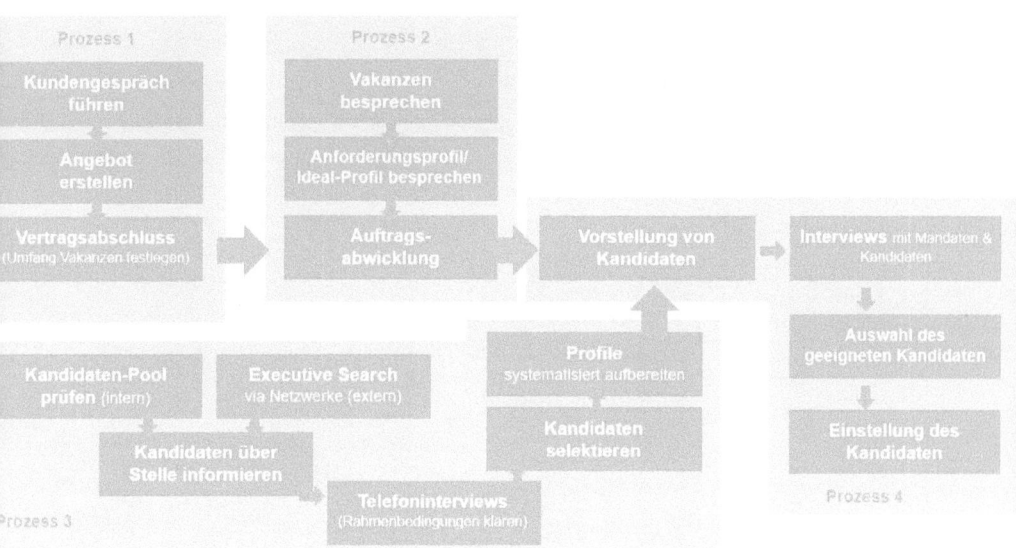

Abbildung 5 - Rollenkonzept Schritt 1: Aktivitäten einer Personalberatung in Prozesse festlegen, Quelle: eigene Darstellung, Vgl. Bullinger und Meiren (2001), S. 73 ff zitiert nach Merk und Schekendiek (2014), S. 68

---

[41] Vgl. Bullinger und Meiren (2001), S. 73ff zitiert nach Merk und Schwekendiek (2014), S. 69
[42] Vgl. Specht und Beckmann (1996), S. 169f zitiert nach Merk und Schwekendiek (2014), S. 69
[43] Vgl. Bullinger und Meiren (2001), S. 73ff zitiert nach Merk und Schwekendiek (2014), S. 70

Werden die großen Pfeile in Abbildung 5 mit einem ‚AND' Zeichen gleichgesetzt, kann von einer ergebnisgesteuerten Prozesskette (EPK) gesprochen werden. Eine EPK stellt komplexe Geschäftsprozesse einfach dar und sorgt für eine leichte Verständlichkeit. Eine EPK ist allerdings nur auf die zeitliche Strukturierung der Prozesse beschränkt und die konkrete Durchführung der Aktivität wird nicht ersichtlich[44].

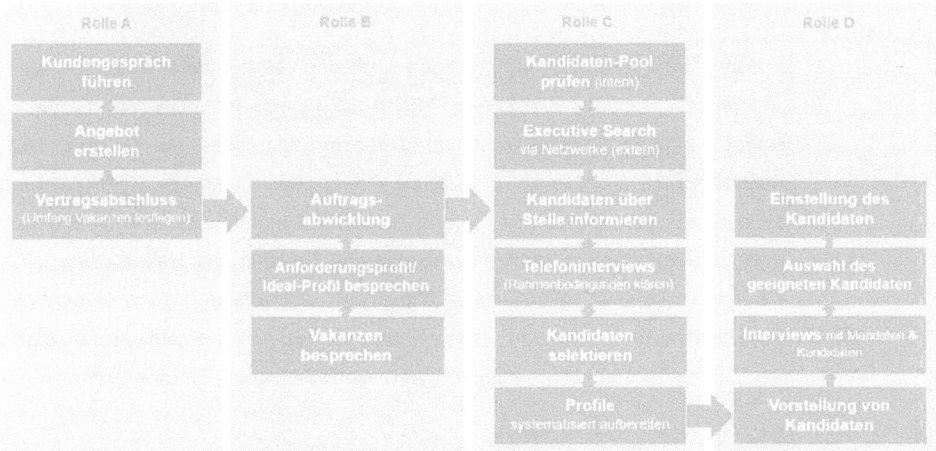

Abbildung 6 - Rollenkonzept Schritt 2: Aktivitäten einer Personalberatung zu Rollen zusammenfassen, Quelle: eigene Darstellung, Vgl. Bullinger und Meiren (2001), S. 73 ff zitiert nach Merk und Schekendiek (2014), S. 69

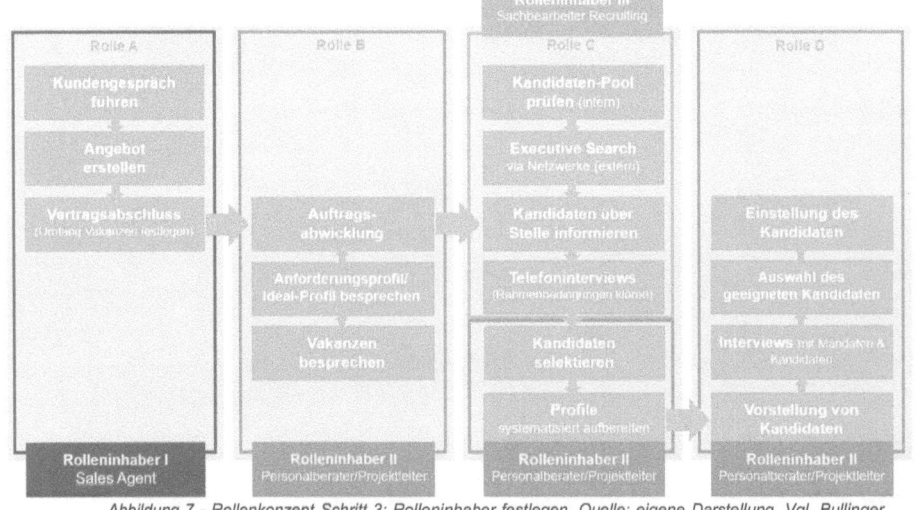

Abbildung 7 - Rollenkonzept Schritt 3: Rolleninhaber festlegen, Quelle: eigene Darstellung, Vgl. Bullinger und Meiren (2001), S. 73 ff zitiert nach Merk und Schekendiek (2014), S. 70

[44] Vgl. Burlefinger, Mayer, Petersen und Schweitzer (2006), S. 17

Für die verschiedenen Rollen bzw. Rolleninhaber sind detaillierte Beschreibungen zu erstellen. Dies ist die Grundlage zur Identifikation der benötigten Kompetenzen, die ein Rolleninhaber mitbringen muss. Die Bezeichnung der Rolle kann frei gewählt werden, sollte aber dennoch nicht zu abstrakt und im Zusammenhang mit der Personalberatung gewählt werden. Beispielsweise sollte der Rolleninhaber III, der einen Teil der Rolle C übernimmt, den Titel ‚Sachbearbeiter Recruiting' tragen. Der Sachbearbeiter Recruiting übernimmt die Recherche im internen Bewerber-Pool und die externe Direktansprache, auch Executive Search genannt, der Kandidaten, z.b. über das Business Netzwerk ‚Xing'. Er kontaktiert die Kandidaten, um sie über die Anforderungen der Vakanz zu informieren sowie Interesse zu wecken. Zudem führt er Telefoninterviews durch, um erste Rahmenbedingungen mit den Bewerbern abzuklären. Für die Ausübung dieser Rolle benötigt dieser Rolleninhaber verschiedene Kompetenzen und Fähigkeiten. Der Sachbearbeiter Recruiting benötigt beispielsweise eine gut ausgeprägte soziale Kompetenz sowie Überzeugungskraft, er sollte bereits Berufserfahrung in der Rekrutierung von Bewerbern gemacht und er sollte eine kaufmännische Ausbildung absolviert haben. Die Festlegung der benötigten Qualifikationen der Rolleninhaber I, II und III werden in Abbildung 8, in der sogenannten Rollensynthese, überblicksartig zusammengefasst. Dies dient der Personalplanung[45]. Alle Rolleninhaber benötigen zwar soziale Kompetenz in einer Personalberatung, dennoch benötigt der Rolleninhaber II (Personalberater/ Projektleiter) im Gegensatz zum Rolleninhaber I (Sales Agent), eine ausgeprägte Fachkompetenz, Erfahrung im Projektmanagement und benötigt Wissen aus der Branche des Kunden, um für seine Rolle qualifiziert zu sein. Als Rolleninhaber I (Sales Agent), ist Verkaufstalent wesentlicher. Abschließend soll für jede definierte Rolle ein Anforderungsprofil definiert und ein Qualifikationsprofil für den Rolleninhaber festgelegt werden.

---

[45] Vgl. Meiren und Barth (2002), S. 34 f zitiert nach Merk und Schwekendiek (2014), S. 70 f

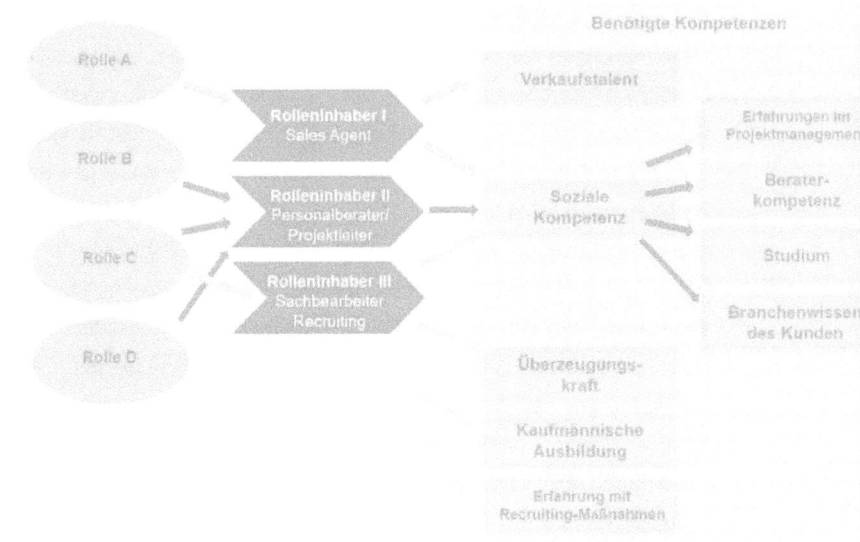

Abbildung 8 - Rollensynthese: Benötigte Qualifikationen der Rolleninhaber, Quelle: eigene Darstellung, Vgl. Bullinger und Meiren (2001), S. 73 ff zitiert nach Merk und Schekendiek (2014), S. 71

Literaturverzeichnis

Bareiß, A. & Merk, J. (2014). *Dienstleistungsmarketing. Studienbrief* (0648-01, 1. Auflage). Riedlingen.

Bong-Seok, K. (2003). *Dienstleistungsqualität als Erfolgsfaktor im Messewesen. Dissertation:* Fakultät Verkehrswissenschaften "Friedrich List".

Burlefinger, S., Mayer, I., Petersen, L. & Schweitzer, M. (2006). *Maßnahmen und Modelle zur Analyse von Dienstleistungsprozessen* (Nr. 1 des Arbeitskreises Dienstleistungsmanagement). Saarbrücken: Fakultät für Empirische Humanwissenschaften und Wirtschaftswissenschaft.

Felser, G. (2007). *Werbe- und Konsumentenpsychologie* (3. Aufl.). Berlin: Springer Spektrum Akad. Verl.

Haller, S. (2017). *Dienstleistungsmanagement. Grundlagen - Konzepte - Instrumente* (Lehrbuch, 7., aktualisierte Auflage). Wiesbaden: Springer Gabler.

Knoke, M., Kade-Lamprecht, E. & Özergin, B. (2016). *Strategisches Marketing. Studienbrief* (0221-08, 8. Auflage). Riedlingen.

Meffert, H., Bruhn, M. & Hadwich, K. (2018). *Dienstleistungsmarketing. Grundlagen - Konzepte - Methoden* (9., vollständig überarbeitete und erweiterte Auflage). Wiesbaden: Springer Gabler. https://doi.org/10.1007/978-3-658-19176-4

Merk, J., Meister, A. & Thunsdorff, C. (2015). *Markt- und Werbepsychologie. Studienbrief* (1011-02, 2. Auflage). Riedlingen.

Merk, J. & Schwekendiek, M. (2014). *Dienstleistungsmanagement. Studienbrief* (0650-04, 4. Auflage).

Nieschlag, R., Dichtl, E. & Hörschgen, H. (2011). *Marketing* (19. Aufl.). s.l.: Duncker Humblot GmbH.